Henning Sabo · Verdichtungen

HENNING SABO

# Verdichtungen

2013 · 3/4

edition kEin zWeites

Aller Anfang
Ist jetzt!

Schau –
Und schau genau!

Schau –
Und dann: vertrau!

Liebe
Den Augenblick –

Und der Augenblick
Liebt dich!

Das Gute kannst du nicht erzwingen,
Doch du kannst beenden,
Ein Böses zu erfinden.

Den Frieden kannst du nicht behaupten,
Doch du kannst beginnen,
Frieden zu geben.

Wie willst du lieben,
Was du nicht liebst?
Wie brennen für das,
Was dich kalt lässt?

Liebe das, was ist!
Liebe das, was du bist!
Brenne in Leidenschaft
Für die Wahrhaftigkeit des Augenblicks!

Du kannst im Außen nur erkennen,
Was du geschaut im Innen.

Es hat den Sinn,
Den du in ihm siehst,
Es hat den Wert,
Den du ihm verleihst;

Es hat die Würde,
Die du ihm nicht nimmst,
Es hat die Energie,
Die du ihm schenkst;

Es hat das Spiel,
Das du ihm lässt,
Es hat den Raum,
Den du nicht misst;

Es hat den Grund,
Auf dem du stehst,
Es hat das Sein,
Das deines ist.

Wahrgenommen
Willst du werden,
Und nimmst doch selbst
Dich nicht gewahr!

Was du bewahrst,
Ist nur dein Werden,
Doch nimmst dein Sein
Du nicht für wahr!

Wahrgenommen
Willst du werden,
Doch bringst dem Wahren
Dich nicht dar!

Das, was du sehnst,
Ist beginnen, zu leben.

Das, was du tust,
Ist verschieben, zu sein.

Was hast du nicht alles
Geschaffen!
Was hast du nicht alles
Geschafft!

Doch niemals gefragt,
Ob es vonnöten,
Und niemals erforscht,
Wer dieses »ich«.

Es ist für dich, ganz genau für dich.

Aber du hast ja zu tun,
Und du bist sehr beschäftigt.
Das Gewohnte soll seine Gänge gehen,
Erwartungen müssen erfüllt werden,
Und was du dir vorgenommen hast,
Das willst du auch erledigt wissen.
Nein, du kannst keine Zeit mehr erübrigen.

Du wirfst einen flüchtigen Blick,
Du nimmst ein wenig Notiz,
Du spürst eine Ahnung innerer Regung …
Aber da ist schon das Nächste,
Das deine Aufmerksamkeit fordert
Und deine Gedanken auf etwas anderes lenkt –
Und schon bist du fort aus diesem Moment.

Nein, es berührt dich nicht mehr,
Es hinterlässt längst nichts mehr,
Es macht nichts mehr mit dir.
Nichts bringt dich mehr aus deiner Spur,
Und nichts erinnert dich zu sehr.
Du bist für nichts mehr einzunehmen,
Für nichts zu empören, für nichts zu entflammen.

Du hast dich eingerichtet und abgesichert,
Und du verteidigst dein Existieren.
Nichts holt dich mehr heraus
Aus Alltag und Kompensieren,
Aus Sehnsucht und Funktionieren –
Und du lässt es gewähren:
Du wachst nicht mehr auf!

Ja, es ist für dich, ganz genau für dich.

Die Liebe,
Die du vermisst in der Welt,
Ist eben jene,
Die dich erfüllt.

Die Liebe,
Die du vermisst in der Welt,
Ist eben jene,
Die nach dir ruft.

Die Liebe,
Die du vermisst in der Welt,
Ist eben jene,
Die du verkörpern sollst.

Die Liebe,
Die du vermisst in der Welt,
Ist eben jene,
Die sich durch dich zu äußern sucht.

Leben IST!
Du brauchst es nicht anhalten,
Um zu werden.

Leben IST!
Du musst es nicht forcieren,
Um zu sein.

Leben IST!

Hab keine Angst,
Angst zu haben!

Vertraue der Intuition,
Nicht der Information!

Mache aus allem
Einen Dienst!

Erhebe ein jedes
Zu einer Kunst!

Ganz fest gefasst den Augenblick –
Und augenblicklich wieder losgelassen!
So wehrst du nicht das wahre Glück
Und lässt Zufriedenheit dich stets erfassen.

Es entscheidet dich nicht,
Wo du bist.
Es entscheidet dich,
Dass du bist, wo du bist.

Es entscheidet dich nicht,
Wer du bist.
Es entscheidet dich,
Dass du bist, wer du bist.

Willst du mir etwas schenken,
So schenke mir Aufrichtigkeit!
Willst du mir etwas sein,
So sei ganz du selbst!

Willst du dir etwas schenken,
So schenke dir Aufmerksamkeit!
Willst du dir etwas sein,
So sei, wer du bist!

In jedem Augenblick
Küsst und liebkost das Einzige sich selbst –
Als dieses, als jenes, als alles und jedes.

Und eines erscheint so als Du,
Und eines erscheint so als Ich;
Und Eines erscheint so als Du,
Und Eines erscheint so als Ich.

In jedem Augenblick
Küsst und liebkost das Einzige sich selbst –
Als dieses, als jenes, als alles und jedes.

Komm! Bleib!
Hier ist die Zeit
Jenseits Vergänglichkeit.

Bleib! Komm!
Hier ist der Raum
Um Träumer und Traum.

Komm – ohne zu kommen!
Bleib – ohne zu bleiben!
Hier lass uns uns treffen
Und uns verfehlen,
Hier lass uns uns schweigen
Und uns versprechen.

Bleib! Komm!
Komm! Bleib!
Zu bleiben ist kein Raum,
Zu kommen keine Zeit;
Der Augenblick bleibt ohne Saum,
Das Sein kommt nie zu zweit.

Bleib! Komm!
Komm! Bleib!

Solange du eine Antwort findest,
Ist dein Fragen noch nicht beantwortet.

Versagen die Antworten,
Weil sie keine Fragen mehr finden,
Ist alle Lehre in die Leere gesunken,
Hat sich das Wahre dem Wissen entbunden.

Dann hören Antworten und Fragen
Auf einmal auf, zu existieren.

Schau, wohin deine Frage will und woher sie kommt! Es hat einen Grund, warum du genau diese Frage stellst. Du willst eine bestimmte Antwort hören. Diese Antwort ist das Wohin deiner Frage. Die Antwort soll dir etwas bestätigen. Etwas, von dem du ausgehst, eine Vorannahme, die du getroffen hast. Das ist das Woher deiner Frage.

Egal, ob die Antwort das Wohin deiner Frage befriedigen wird, du wirst sie dir so richten, dass sie das Woher deiner Frage bestätigen muss.

Wenn du das Wohin deiner Frage erforschst, dann wird es dich zu ihrem Woher führen. Die Begegnung mit dem Woher wird dich vor eine Entscheidung stellen:

Willst du dir jene Antworten erhalten, die deine Vorannahmen bestätigen oder willst du darüber hinausgehen und die Wahrheit hinter allem schauen?

Ergründe das Woher und entlarve die Vorannahmen, die du nie infrage gestellt hast! Dann werden alle Fragen und alle Antworten keine Bedeutung mehr haben.

Du wirst die Frage aller Fragen erspüren und die Antwort aller Antwort erschauen. Dann kannst du dich entspannen, lächeln, und in allen Fragen die eine Antwort erkennen.

Wahre Befreiung ist Befreiung
Von der Idee der Befreiung.
Wahre Befreiung ist Befreiung
Von der Illusion, unfrei zu sein.

Wahre Erlösung ist Erlösung
Von der Idee der Erlösung.
Wahre Erlösung ist Erlösung
Von der Illusion, Erlösung müsse geschehen.

In der Welt der Vorstellung
Gibt es all das,
Was du dir vorstellen magst.

Im Absoluten
Gibt es nichts.
Nichts – als einzig:
Das!

DUALITÄT UND EINZIGES

Du bist nie in der Dualität,
Und niemals bist du ihr ausgesetzt.

Du bedienst dich ihrer –
Dort, wo sie in Erscheinung tritt,
Dort, wo sie ihre Funktionen hat.

Du bist es, der sie einsetzt und auslöst,
Du bist es, der sie inkrafttreten lässt.

Sie ist niemals wirklich, sie ist nie existent.
Du bist ihr nicht unterlegen, du musst sie nicht überwinden,
Sie widerspricht dir nicht noch steht sie dir entgegen.

Sie ist eine Erscheinung im Einen Licht,
Und sie ist selbst nichts anderes als dies.

Solange du noch da hin willst,
Bist du nicht da –
Obwohl du nie irgendwo anders bist
Noch irgendwo anders sein könntest.

Doch solange du noch glaubst,
Du könntest irgendwo anders sein,
Als eben genau da,
Hast du noch nicht begriffen,
Was es heißt,
Eben genau da zu sein.

Und also:
Solange du noch da hin willst,
Bist du nicht da –
Obwohl du nie irgendwo anders bist
Noch irgendwo anders sein könntest.

Das letzte, das abfällt von dir,
Das ist die Erscheinung von dir,
Die Illusion jedweder Körper.

Ist sie gefallen,
Ist von dir nichts geblieben,
Und du wirst auch nichts finden,
Um es in etwas anderes aufzuheben.

Da du nie von dir abweichen kannst,
Kannst du auch nie mit dir eins werden.

Scheinbares Abweichen fördert scheinbares Erkennen,
Scheinbares Erkennen fördert scheinbares Lieben,
Scheinbares Lieben fördert scheinbares Einswerden.

Wahres Erkennen entbindet jegliches Trennen.
Wahres Lieben entbindet alles Erfinden.
Wahres Einssein entbindet Erscheinen und Schein.

Du weißt, wer du bist, ohne zu wissen, wer da weiß.
Du hast keine Ahnung, aber du bist dir gewiss.

Es gibt keinen Grund,
Etwas beweisen oder widerlegen zu müssen.
Das Sein ist sich Sein –
Und da ist einzig Sein.

Bedien dich an allem,
Koste von jedem!
Hier ist das Leben:
Fülle und Geben.

Lehne nichts ab –
Sei bereit, zu empfangen!
Nichts ist dir zuviel,
Nichts kann dir schaden.

Urteile nicht –
Sei bereit, zu erkennen!
Was immer du schaust,
Ist nichts als du selbst.

Beschränke dich nicht –
Sei bereit, dich zu geben!
Das, was du schenkst,
Es wird dich erfüllen.

Bedien dich an allem,
Koste von jedem!
Hier ist das Leben:
Fülle und Geben.

Sei ein Spiegel!

Ein Spiegel zeigt, was ist.
Er beschönigt nicht, er verhässlicht nicht.
Er wirft keinen Schatten, er verleiht kein Gewicht.
Er zeigt, was ist.
Er zieht nichts vor, er lehnt nichts ab.
Er fügt nichts hinzu, er lässt nichts weg.
Er zeigt, was ist.
Er hat keine Meinung, er belehrt nicht, was er sieht.
Er mischt sich nicht ein, er spielt keinen Gott.
Er zeigt, was ist.
Er hält nichts fest, er speichert nichts.
Nichts, das er vergleicht, nichts, das er in Beziehung setzt.
Er zeigt, was ist.
Er bewertet nicht, er verurteilt nicht.
Er zeigt, was ist.

Sei ein Spiegel!
Sei bedingungslos frisch!
Augenblicklich und echt!

Sei ein Spiegel!
Er beugt sich der Wahrheit, er neigt sich dem Ist.
Unumstößlich, selbstverständlich, unbestechlich und fest.
Ein Spiegel vertraut. Ein Spiegel gibt.
Ein Spiegel leuchtet. Ein Spiegel liebt.

Sei ein Spiegel!
Zeige, was ist!

Was immer du gibst,
Du gibst es dir selbst,
Was immer du nimmst,
Du nimmst es dir selbst.

Was du ersuchst:
Nichts als du selbst,
Was du erfindest:
Nichts als du selbst.

Was immer erscheint,
Es ist niemals ein Anderes,
Was immer es ist,
Es ist niemals ein Zweites.

Was dir begegnet:
Nichts als du selbst,
Was dir entgegnet:
Nichts als du selbst.

Was immer du nimmst,
Du nimmst es dir selbst,
Was immer du gibst,
Du gibst es dir selbst.

Willst du es sehen,
Kannst du es nicht mehr übersehen,
Willst du dahin,
Dann kommst du nicht umhin.

Willst du ihm dienen,
So wird es dir dienen,
Bist du seiner gewahr,
So ist es dir wahr.

Im Kommen und Gehen
Bleibst stetig du hier;
Was immer dein Suchen:
Es findet dich vor.

Der einzige Ort,
An dem du wirklich gewesen sein musst,
Bevor du stirbst:

An der Quelle deiner selbst.

Suche nicht,
Zu beenden!

Beende,
Indem du beginnst!

Das Ende-Finden
Wird kein Ende finden.

Sich etwas vornehmen:
Es dem Jetzt vorenthalten.

Sich etwas zusagen:
Es dem Jetzt versagen.

Sich etwas versprechen:
Es dem Jetzt verweigern.

Wie soll die neue Zeit beginnen,
Wenn wir darin die Alten bleiben?

Es würde genügen …

Es würde genügen,
Einen Moment lang inne zu halten …

Einen Moment lang inne zu halten
Und einfach zu schauen …

Und einfach zu schauen,
Was ist und was da ist …

Was ist und was da ist
Zu lieben, zu leben …

Zu lieben, zu leben:
Es würde genügen!

Die Gebrauchsanweisung
Für das Leben?

Leben!

Wie es wird?

So –
Wie es wird!

Die einzige Entschuldigung,
Sich diesem Leben
Nicht voll und ganz
Und immer weiter hinzugeben,
Ist: tot zu sein,
Und: nicht am Leben.

Hoffnung ersehnt
Ein besseres Morgen;

Hingabe macht
Einen guten aus diesem!

Verschwendet ist nicht,
Was gegeben wird;

Verschwendet ist,
Was vorenthalten wird!

Du kannst
Nur Eines je verpassen:

Diesen Augenblick!

Ohne zu wissen,
Wer ich bin,
Wer könnte ich werden,
Was könnte ich sein?

50

Wer sich entwickeln will,
Muss sich verpuppen;
Wer sich befreien will,
Muss sich entlarven.

51

Die Voraussetzung
Der Verwirklichung:
Die Vision.

Die Verhinderung
Der Verwirklichung:
Die Vorstellung.

Einmal fallen –
Nicht mehr zu fürchten
Das Fallen!


53

Dieser Moment ist alles.
Alles ist dieser Moment.

Verliere ihn nicht an den vorigen,
Denn dann wirst du ihn erleiden
Und sterben.

Verliere ihn nicht an den folgenden,
Denn dann wirst du ihn verfehlen
Und geboren werden.

Dieser Moment ist alles.
Alles ist dieser Moment.

Der Moment,
Wahrgenommen –

Ist bereits vergangen.

55

Es sucht sich
Seinen Weg
Durch das,
Was ihm im Weg.

Es breitet sich,
Es weitet sich –
Ganz aus
Durch sich,

Ganz heim
In sich.

Für jede Beschränkung
Ist jede Erweiterung
Eine Offenbarung;

Für die Leere des Raumes
Ist jede Erweiterung einer Beschränkung
Nur eine weitere Beschränkung.

Den Weg zur Wahrheit?

Gäbe es einen Weg,
Sie wäre nicht hier.

Wäre sie nicht hier,
Sie wäre nicht da.

Wahrheit ist das,
Was immer noch ist,
Wenn alle Vorstellung von Wahrheit
Wieder gegangen ist.

59

Wahrheit stellt sich nicht vor,
Stellt niemandem nach.
Wahrheit drängt sich nicht auf,
Trägt niemandem nach.

Wird sie angenommen, wird sie wahrgenommen;
Wird sie wahrgenommen, wird sie angenommen.

Wahrheit bewirbt sich um nichts,
Wahrheit wirbt nicht für sich.
Wahrheit sucht nicht, zu überzeugen,
Wahrheit versucht nicht, zu untergraben.

Wird sie angenommen, wird sie wahrgenommen;
Wird sie wahrgenommen, wird sie angenommen.

Wahrheit manipuliert nicht,
Wahrheit missioniert nicht.
Wahrheit richtet sich nach nichts,
Wahrheit richtet nicht.

Wird sie angenommen, wird sie wahrgenommen;
Wird sie wahrgenommen, wird sie angenommen.

Die es verstehen,
Sie wissen,
Sie lächeln und schweigen.

Die es nicht verstehen,
Meinen dennoch, zu wissen;
Sie lehren und missionieren,
Sie werten und urteilen,
Sie regeln und strafen,
Beuten aus und zerstören.

Die es verstehen,
Sie wissen,
Sie lächeln und schweigen …
Und lieben und fühlen –
Mit jenen,
Die weder verstehen
Noch verstehen werden.

Nichts ist ein Anderes.

(Das ist alles.)

Ganz gleich,
Als was es erscheint:

Es ist immer Dasselbe,
Es ist stets dieses Eine.

Es gibt keinen Grund
Für die Stille;

Die Stille selbst
Ist der Grund.

Jede Hingabe an das Besondere
Behindert die Hingabe an das Alltägliche.

Jede Hingabe an das Gesuchte
Behindert die Hingabe an das Vorgefundene.

Jede Hingabe an das Erwünschte
Behindert die Hingabe an das Gegebene.

Jede Hingabe an das Bestimmte
Behindert die Hingabe an das Augenblickliche.

Lieben ohne Erkennen:
Aus einem Einzelnen das Einzigartige
Gegenüber allem anderen machen.

Erkennen ohne Lieben:
Alles als einerlei
Und nichts als einzigartig erleben.

Erkennen und also Lieben:
Ein jedes als ein Einzigartiges
Und als Ausdruck des Einzigen Einen gewahren.

Wenn es Bedingungen stellt –
Ist es dann Lieben?

Hat uns Erfüllung gegeben,
Was wir zu wiederholen suchen?

Hat uns erlöst,
Wonach uns sehnt?

Mensch – was hast du
Nicht alles geschaffen
Auf der Flucht vor dir selbst!

Soll ich's bewundern?
Soll ich's betrauern?

Mensch – was hast du
Nicht alles geschaffen
Auf der Flucht vor dir selbst!

Zeit
Ist immer:
Lebenszeit.

Um sterben zu können,
Genügt es,
Geboren zu sein.

Warum es gehen muss?

Weil es gekommen ist!

Sterben:
Der Tropfe darf erkennen,
Dass er Meer.

Es ist
Vollkommen –

Also:
Nicht perfekt!

Wird von mir nichts zugefügt,
So ist da nichts,
Das fehlt.

So ist mir
Nichts mehr geblieben …

Nichts –
Nur noch: lieben!

Suche nicht
Nach dem Licht in der Finsternis;
Erkenne die Finsternis
Im Licht!

Suche nicht
Nach dem Licht in der Finsternis;
Erkenne die Finsternis
Als Licht!

Para:Dies!

»Verdichtungen 2013 · 3/4«
von Henning Sabo
erscheint im Frühjahr 2024 als 3. Druck der
edition kEin zWeites
kein.zweites@web.de

© 2013–2024 Henning Sabo
Alle Rechte vorbehalten

Herstellung und Verlag:
BoD – Books on Demand, Norderstedt

Gestaltung, Typographie und Satz in der Minion Pro:
Sven Uftring, Bad Nauheim
www.asku.de

Lektorat und Edition:
Henning Sabo, Neustrelitz
henning.sabo@web.de

ISBN 978-3-758-33199-2